Taliésin

Odes
suivi de
Kat Godeu
(Le combat des arbres)

Copyright © 2022 by Culturea
Édition : Culturea 34980 (Hérault)
Impression : BOD - In de Tarpen 42, Norderstedt (Allemagne)
ISBN : 9782385081577
Dépôt légal : août 2022

AVERTISSEMENT

Pourquoi ses pairs avaient-ils élu Taliésin *Prince des poètes*? C'est qu'il était un être et un artiste exceptionnel. Par malchance, les traductions que Hersart de La Villemarqué avait données, dans Les bardes bretons au VIᵉ siècle, de six poèmes seulement ne rendaient pas justice à son talent. Skene, le premier savant qui avait traduit Taliésin en anglais, avait cru pouvoir faire confiance aux manuscrits qu'il avait sous les yeux. La Villemarqué, autant que Skene, croyait pouvoir se fier à eux. Le résultat, en dépit d'un travail exemplaire, fut incomplet et peu convainquant.

Depuis, la philologie celtique a accompli d'incomparables progrès et les mauvaises lectures du copiste, ses corrections orthographiques erronées, ses sauts de page intempestifs sont devenus évidents. Sur la base de ces lectures critiques acharnées, notamment dues à Lloyd-Jones et à Ifor Williams, il était devenu possible de donner, après avoir soigneusement pesé leurs suggestions, une traduction des dix poèmes et des quatre fragments qui nous sont parvenus, digne enfin de celui qui fut très justement nommé le Prince des poètes.

Le Kat Godeu (le combat des arbres) n'est pas de la main de Taliésin. Si éloigné que soit ce texte des qualités d'âme et d'écriture de notre poète, nous lui avons cependant conservé une place à la fois pour en établir une lecture honnête (les traductions qui ont circulé jusqu'à ce jour — celles de Christian-J. Guyonvarc'h exceptées — sont désinvoltes ou tendancieuses) et comme un exemple de ce jeu de poètes, presque un genre littéraire qui consista, dix siècles après lui (jusqu'au XIVᵉ siècle) à écrire «à la manière de Taliésin».

ODES DE TALIÉSIN
CANU TALIESIN

SATIRE [COMPOSÉE POUR] KYNAN GARWYN FILS DE BROCHFAEL

[BT 45]

[C'est à] Kynan, un bouclier dans le combat,
Que je dois de n'avoir pas usé de mes dons
Et de mes chants pour une vaine gloire.
Il a comblé de biens ma maison :
Cent coursiers dressés
Aux harnais d'argent,
Cent pièces de drap pourpres
D'une égale longueur,
Cent colliers de poitrine
Et cinquante broches [de manteau],
Une épée meilleure qu'aucune autre,
La garde scintillante de pierres.
Kynan en avait cent.
À l'évidence les envieux [jalousaient]
La lignée de Cadell[1],
Sa puissance immuable.
Ils attaquèrent sur la Gwy[2],
Les guerriers aux lances innombrables.
10   Les hommes du Gwent tombèrent.
Les épées enfoncées dans le cœur.
Grande et juste, la Bataille, à Môn[3], tournoya,
Elle tournoya — ô digne de louanges ! —
Au-dessus de ceux qui étaient venus là,
Traversant la Menaï, confiants
En leurs coursiers rapides.
[Elle tournoya] la Bataille, autour du cairn de Dyvet.

---

[1] Fondateur de la maison royale de Powys, ancêtre de Kynan.
[2] La rivière Wye.
[3] Anglesey.

[L'esprit d'] Aercol [fut] contraint de fuir.
Jamais plus on ne le verra razzié
Sous son nez, le bétail [d'Aercol][4] !
15   Le fils de Brochfael agrandit son pays.
Il accomplit ses vœux.
Les hommes de Cornouaille l'attaquent ?
Ils ne béniront pas leur destin !
Il leur porte des coups douloureux,
Kynan, mon suzerain,
Le maître des armées.
Il porte le feu sur leurs terres.
L'immense feu surgit,
20   Dans la guerre au pays de Brychan.
Leur champ de bataille est une taupinière…
Malheureux princes
Aux cuirasses de cuir en lambeaux,
Tremblez devant Kynan.
Implorez, maintenant ce dragon
De même race que Kingen[5].
Une grande clameur retentit.
À lui, le secours du grand pays,
Tous s'adressaient à lui.
Chacun dans sa mare de sang,
25   Chacun dans son cercle rouge, le menaçait :
« Nous tuerons Kynan… »

---

[4] Aergol Lawhir, roi de Dyvet, fils de Triphun, père de Voteporix (*Guortepir*), il règna sur le Dyvet dans le courant du VIe siècle. Il est ici le symbole de la dynastie rivale de Kynan et Kadell.
[5] Grand-père de Kynan.

II
[BT 56]

Ils ont jailli avec le jour, les hommes de Catraeth,
Auprès du prince aux œuvres profitables.
Voilà Uryen — sa gloire est renommée[6] —.
Il soutient l'indépendance [et favorise] ses besoins.
5   Guerrière! la majesté du parfait prince baptisé.
Insultants, les guerriers de Bretagne, en ordre de combat
À Gwen Ystrat offraient sans cesse la bataille.
O champs, ô forêts, vous ne les protégez plus de vos abris,
Les peuples, quand les malheurs surviennent!
10   Comme des vagues rugissant lourdement au rivage
[À l'aube,] j'ai vu la ligne fière des hommes en armes.
À midi, les chairs brisées.
J'ai vu une mêlée au-delà des bornes de la mort.
En première ligne, un hurlement féroce retentit.
15   À la bataille de Gwen Ystrat on a vu
Les remparts et les héros s'épuiser.
Au passage du gué, j'ai vu les hommes trempés de sang
Baisser les bras, défaits devant [le prince aux] tempes grises.
Ils désirent la paix maintenant qu'ils sont tombés.
20   Les bras en croix, ils gémissent sur la grève, les faces pâles.
Les têtes ballottent dans le courant rapide
Et les flots rincent de sang les crins des chevaux.
J'ai vu les guerriers blêmes, égarés,
Les vêtements souillés de sang, vite
25   Reprendre rang, reprendre rang toujours dans la bataille.
Pas de fuite, quand le prince
De Reghed dirige le combat!
J'ai vu la compagnie des guerriers nobles autour d'Uryen
Quand il a attaqué l'ennemi à la Pierre Blanche.

---

[6] Mot à mot: « sa mémoire n'est pas raillée ».

30 Il a taillé en pièces les armures
    Que les guerriers portaient dans la mêlée.
    Puisse l'ardeur du combat demeurer dans [le cœur d'] Uryen !

    Et moi, jusqu'à ce que je sombre dans la vieillesse
    Et sous l'amère angoisse de la mort[7],
35 Puissé-je ne rien désirer d'autre
    Que célébrer Uryen.

---

[7] Le jeu savant des allitérations : *dygyn agheu aghen* serait mieux rendu par l'*anxieuse angoisse de l'agonie*, mais ce n'est pas le sens exact.

III
[BT 57]

Uryen [prince] des plaines fertiles,
Ô le plus généreux des baptisés,
Tu répands l'abondance
Aux hommes du pays.
De la même façon que tu l'assembles
De la même façon tu la dispenses [autour de toi la richesse].
Ils se réjouissent les bardes baptisés
Parce que ton règne dure[8].

5 C'est le plus grand des bonheurs
[Pour nous,] les chantres des héros,
Que la plus grande gloire
D'Uryen et de ses fils
Soit hautement célébrée.
Et la sienne spécialement :
Celle du roi suprême.
Ils craignent Uryen
Les Logriens. Ils se souviennent de lui
Quand ils commémorent [leurs défunts]!

10 De lui ils ont reçu la mort
Et de nombreux dommages.
Il a brûlé leurs maisons
Et leur a arraché leurs biens.
Il leur a dispensé
Une immense détresse.
Jamais il n'en auront quittance
D'Uryen [roi] de Reghed.
Ô bouclier de Reghed,
Roi victorieux, ancre du grand pays,

15 Le barde te célèbre. Il se réjouit

---

[8] *Lit.* : « ta vie se maintient ».

D'entendre dire de toi tant de bien.
[Il se réjouit] quand la rumeur rapporte combien
Ton jet de lance est sonore[9]
Quand on l'entend dans la bataille.
Tu tires vengeance des insultes
Quand on te cherche querelle!
Dans les maisons, le feu plus que le jour
Brille devant le prince des plaines fertiles,
Le plus distingué des princes
Et ses compagnons de courage[10].

20 Maintenant les Angles sont habitués
À ne pas recevoir l'hommage
D'un prince aussi vaillant
Et d'une lignée si puissante,
La meilleure de toutes.
Pas une qui soit son égale!
De toutes les lignées
Qui furent ou qui seront
Pas une qui soit plus noble que la tienne,
Quand on y regarde de près.

25 Il est terrible le respect
Pour le dispensateur des richesses.
Les multitude du Nord
S'inclinent devant l'excellent roi.

Et moi, jusqu'à ce que je sombre dans le grand âge
Et sous l'amère angoisse de la mort,
Je ne désirerai rien d'autre
30 Que célébrer Uryen.

---

[9] *Lit.*: lourd.
[10] Ses fils.

IV[11]
[BT 58]

Dans sa demeure,
Depuis qu'il m'a donné,
Avec honneur, la bienvenue
Il a fait mienne l'abondance.
De l'abondance de sa gloire
Il m'a enivré.
Belles terres
Et richesses ;
5   Richesses immenses :
Lingots et pièces d'or ;
[Pièces d'or] innombrées
Innombrables [lingots] ;
Ce dont j'avais le désir
Il désirait aussi le donner.
Pour m'honorer :
Chasse et massacre.
Pour honorer et rassasier [ses hôtes],
10   Pour rassasier et honorer [ses invités],
Il a massacré [le gibier] devant lui.
Devant lui sont admis les bardes du monde
Comme le monde certainement
Se soumet aux bonnes fins
De ton vouloir[12].

---

[11] Ce poème d'une étonnante virtuosité en Gallois ne peut que mal sonner aux oreilles françaises, puisqu'il est basé sur la répétition du même mot, de sonorités ou de sens voisins, à la fin d'un vers et au début du suivant. Un procédé nommé par les grammairiens : « cymeriad synhwirol » ou « antistrophe kymrique ». On a conservé en Breton armoricain une comptine de ce style (Olivier Eudes, *Berceuses et comptines des petites bretons sages*, Réponse à tout). Il semble ici que l'intention comique prime l'étalage de la virtuosité artistique et que le poète s'amuse et fait rire son public en parodiant ou en créant une « rengaine de marcheur » (Cf. vv 21 à 23). L'emphase des vv 11 à 12 et la flagornerie des vv 25 à 27, plaident également pour une pièce comique.

[12] Le passage de la troisième personne (honorée) à la deuxième personne (honorée et présente) n'est pas rare dans la poésie galloise.

Comme Il l'a voulu Dieu
[À laissé] les princes grogner
Dans la crainte de tes assauts.
15 Provocateur de bataille,
Défenseur du pays.
Bataille provoquée ?
Pays protégé !
Ils sont habituels autour de toi
Le tumulte des sabots,
Les sabots du tumulte ;
Le bouillonnement de la bière,
La bière qui fait bouillir [les têtes].
Les riches meubles,
20 Les draps riches
Tu m'en favorises.
Le maître de Llwyfenid[13]
Et tous ceux [du comté] d'Erch
D'une seule voix
Grande ou petite,
[Chantent] le chant que Taliésin
Chante [maintenant] pour te réjouir.
25 Car tu es le meilleur [auditeur]
Parmi ceux qui écoutent
L'éloge de tes mérites
Et la célébration
De tes exploits.

Et moi, jusqu'à ce que je sombre dans la vieillesse
Et sous l'amère angoisse de la mort,
Puissé-je ne rien désirer d'autre
30 Que célébrer Uryen.

---

[13] Uryen a donné à Taliésin le domaine de Llwyfenid (« L'ormeraie », de *llwyfain*, l'orme). Avec beaucoup de vraisemblance, Hogg (*Antiquity*, 1946) considère que la rivière Levenet, entre Catterick et Carlisle, a conservé le nom du domaine de Taliésin ou du comté qui fut celui d'Owein.

V
[BT 59]

Au bout d'un an
Celui qui dispense
Le vin, la bière et l'hydromel
Comme récompense aux hommes de valeur
Et au poète belliciste
Entraîna, la tête enrubannée,
Un essaim de lances avec lui ;
Et chacun à son rang,
5   Chacun ayant son cheval avec lui,
Ils se rendirent, impatients, à la bataille[14].
Quel butin de victoire
À la bataille de Manaw[15] !
Quel abondant butin
Nous tombe dans les mains :
Huit vingtaines de vaches
Et de bœufs de la même couleur
Vaches laitières et bœufs sous le joug
Et beaucoup d'autres de robes différentes.
10   Mais ce n'eût pas été trop cher payé, pourtant,
Si Uryen était mort là[16] ;
S'il en était revenu tailladé
Par les pointes féroces [des lances frissonnantes][17],

---

[14] C'est un lieu commun chez les bardes gallois que de souligner combien les guerriers sont plus avides de banquets que de coups. Ici, les hommes d'Uryen furent impatients du combat après une année de festins.

[15] La bataille de Mynaw ou Manaw est généralement identifiée comme la « Cath Manand » de Tigernach et le « Bellum Manonn » des Annales d'Ulster. Elle eut lieu en 582 ou 583.

[16] Les lois celtiques fixaient de compensations évaluées en bétail pour les familles des victimes des meurtres. Uryen est ici évalué « hors tarif ».

[17] *Lit.* : « les impacts des pointes vrombissantes ». *Kygryt* ne peut à la fois signifier féroce et frissonnant. Cependant les allitérations des féroces lances frissonnantes préservent comme un écho du retentissant vers de Taliésin : *y eis kygryn kygryt*.

Les cheveux reblanchis,
— Un cercueil l'attendant ! —
Le visage en sang
Et baignant dans son sang ;
[S'il en était revenu] comme un grand guerrier
15   Dont la femme est veuve,
On eut dit : « C'était un vrai seigneur ;
« Le vrai soutien de son épouse
« Sa destinée, son aide et son maître…»
…

—Va voir, portier,
Écoute ce tumulte.
Est-ce la terre qui tremble
Ou la mer qui déborde ?
—C'est le débordement du choeur des fantassins.
[Ils chantent :]
20   « Un ennemi sur la colline ?
« Uryen l'attaque.
« Un ennemi dans la vallée ?
« Uryen le transperce.
« Un ennemi dans la montagne ?
« Uryen le blesse.
« Un ennemi dans la plaine ?
« Uryen le bat.
« Un ennemi devant la palissade ?
« Uryen l'abat.
25   « Un ennemi sur la route, un ennemi à côté ?
« Un ennemi dans la courbe [du fleuve] ?
« Un éternuement ou deux
« Ne le protégeront pas de la mort[18]…
« Il ne connaîtra pas la famine[19]
« Dans l'abondance du butin. »
Entouré [d'hommes] aux cottes de mailles d'un bleu brillant,
[Uryen] reparut.

---

[18] « Un éternuement ou deux ne protègent pas de la mort… » est demeuré un proverbe du Pays de Galles.
[19] Uryen lui aura fait passer le goût du pain.

[Prompte] comme la mort est sa lance
Pour le massacre de l'ennemi !

30 Et moi, jusqu'à ce que je sombre dans la vieillesse
  Et sous l'amère angoisse de la mort,
  Puissé-je ne rien désirer d'autre
  Que célébrer Uryen.

VI
LA BATAILLE DU BOIS DES ORMES

[BT 60]

Du lever au coucher du soleil
Il y eut, ce samedi-là, une grande bataille.
Flamdwyn[20] avançait avec quatre armées.
Pour en finir avec [le pays de] Godeu et [celui] de Reghed.
5   Ils se déployèrent depuis Argoed jusqu'à Arvynid[21]
Et ne laissèrent pas un jour de répit.
Flamdwyn le Grand Vantard réclama :
— Les otages sont-ils prêts à être livrés ?
Le Fléau [des Terres] de l'Est, Owein[22] lui répondit :
10   — Ils ne se livrent pas. Ils n'existent pas. Ils ne seront jamais prêts.
Même dans l'affliction, un descendant de Coel
N'a jamais livré qui que ce soit comme otage.
S'adressant à Uryen, le prince des plaines fertiles,
[Flamdwyn] proposa une rencontre pour discuter une alliance.
[Au lieu de cela les Bretons]
15   Élevèrent une montagne de lances ;
Ils levèrent l'étendard à l'avant de la troupe ;
Les guerriers montèrent leurs javelots à la hauteur des têtes[23]
Et se ruèrent sur Flamdwyn au milieu de son ost[24].
« Massacrez-le, lui et les siens ! » [avait ordonné Uryen].

---

[20] Theodric, fils d'Ida, roi de Bernicie, d'après Skene. Le surnom par lequel il est désigné ici signifie : l'Incendiaire.

[21] Argoed au nord, Arvynid au sud des principautés de Godeu et Reghed. D'après Skene la principauté de Reghed est le Dumbartonshire, et Godeu une partie du Lanarkshire, appelée Cadyow.

[22] Fils d'Uryen.

[23] Prêts à être lancés.

[24] Ce sont des ordres que donne Uryen : « Prenez les lances ! Levez l'étendard ! Levez les lances ! À l'attaque ! » Cependant ces ordres sont accompagnés de descriptions et de circonstances que l'impératif français ne supporte pas.

20   À la Bataille du Bois des Ormes,
Il y eut beaucoup de cadavres.
Les corbeaux rougirent du sang des hommes.
Les guerriers ont chargé comme le barde l'a chanté.
Puissé-je n'avoir pas à chanter avant longtemps la louange d'une
autre victoire.

25   Et jusqu'à ce que je sombre dans la vieillesse
Et sous l'amère angoisse de la mort,
Puissé-je ne rien désirer d'autre
Que célébrer Uryen.

VII
[BT 61]

Exalter la gloire des rois de Reghed
C'est à quoi je me consacre quoique je ne sois pas d'ici.
Les guerriers renâclaient devant les armes.
Ils erraient en se cachant derrière les boucliers ronds.
5   Ils furent tristes leurs cris devant Mathreu!
Autant que ceux des voraces mouettes blanches…
Elle n'est pas favorable au peuple [la défaite]! Elle n'est pas favora-
ble au roi!
Le prince se prémunit contre l'infortune!
Ce n'est pas son métier que de repousser les conseils de ceux qui le
suivent.
C'est un preux chevalier[25], sensible à la louange des hommes.
10   Un chef malavisé peut-il inspirer un fils de Don[26]?
En ces temps où Ulph décida d'oppresser ses ennemis
Uryen se rendit à Aeron.
Il ne venait pas pour combattre. Il n'avait pas de raison
De combattre Powys, Uryen au noble front.
15   [Mais] il n'était pas facile de traiter avec la race de Gynwys
[Avec] Hyffeid et [la nation des] Goddodin aux têtes blondes.
Il a eu la patience de la bête sauvage,
Le vaillant [Uryen], pour vider sans défaut Gwyden de son sang.
Llwyfenyd l'a vu[27]. Princes blessés.

---

[25] Ce n'est pas un anachronisme que de se référer ici aux vertus chevaleresques trop souvent attribuées au seul moyen âge. Celles-ci furent d'abord et avant tout les valeurs des Celtes. La protection due au voyageur, à la veuve et à l'orphelin a été de tout temps affirmée par les druides (Cf. _Les dicts du druide Cadoc_, arbredor.com, 2001).

[26] Don est le dieu polytechnicien de la trinité celtique, maître de tous les arts, poésie comprise. Il est qualifié ici de Père des poètes. Taliésin veut clairement dire ici que si Uryen n'écoutait pas les conseils de ses barons, le poète ne pourrait pas être inspiré par le dieu des arts et ne chanterait pas sa louange.

[27] Taliésin prend ici pour patronyme le nom de son domaine: L'ormeraie. On dirait en français: de l'Ormeraie (ou Desormeaux) l'a vu.

20   [Je les ai vus,] derrière les palissades collectives, depuis mon retran-
                                                                    chement,
      À la bataille du Gué d'Alclut, à la bataille d'Inver,
      À la bataille des Celliers de Brewyn[28] à la bataille d'Hireurour,
      À la bataille du Bois de Catleu, au combat d'Aberioed,
      Combattre un ennemi cruel.
25   À la grande bataille de Clutuein, au combat de Pencoet ,
      Comme une troupe de loups alléchés par l'abondance du sang,
      Les Angles vinrent, avec une grande haine,
      Pour détruire l'alliance des hommes insoumis.
      Il fut rougi du sang de ses blessures, Ulph, au gué.
30   Il est mieux né, Uryen, le prince que je chante,
      Le premier des princes de Bretagne, le chef des rois.
      Il ne porte pas la toge[29], ni verte ni grise,
      Ni rouge ni violette[30]. Si éminent soit-il,
      Il ne lui a pas réservé le cuissot, à Maelaour[31].
35   Toujours ardent, sur son cheval de race, le Moucheté,
      Été comme hiver, l'arme à la main,
      Au gué et sur la rive, il exerce les siens.
      S'allongeant et dormant sur les remparts [après les heures de veille].
      Se souvenant de ses amis jusqu'à la fin du monde.

Les vers 40 et 41 paraissent si incompréhensibles qu'il est probable qu'une page manquait dans l'original du copiste et que nous avons ci-dessous la fin d'un autre poème.

---

[28] Lieu-dit de la onzième bataille d'Arthur, d'après Nennius : « qui nominatur breguoin », ou « breuoin » d'après un autre manuscrit.

[29] « Il ne se prend pas pour un romain. »

[30] *Lit.* : « de la couleur brillante de la bruyère ».

[31] La coutume celtique réglementait très subtilement les parts de viande réservées aux hôtes dans les banquets. D'après son « rang », le cuissot, part d'honneur, morceau royal, eût dû revenir à Maelaour (on peut comprendre son nom comme le Prince d'Or). L'intention de Taliésin est de souligner qu'Uryen ne doit d'hommage à personne. Il a traité Maelaour en égal.

40 ...

...

C'est moi qui ai gémi dans mon cœur sur le fracas
Des lances sur les boucliers, les boucliers levés[32]
Sur les bataillons de Godeu et Reghed.

45 C'est moi qui ai vu le chef renommé,
Lui, le Bâtisseur[33] unique, élever des remparts [aux frontières].
C'est moi qui sais quand la guerre est annoncée
Et je peux compter le nombre de ceux qui seront comptés [parmi
les morts].
« C'est moi, c'est moi que la bière saoule[34] »,

50 ...

C'est moi, c'est moi qui ai proclamé [Uryen] mon protecteur dans
la bataille.
Sans lui le pays serait sans valeur.
Ils sont jaloux des dons de mon prince, les rois
Quand on les compare à Uryen.

55 Et jusqu'à ce que je sombre dans la vieillesse
Et sous l'amère angoisse de la mort,
Puissé-je ne rien désirer d'autre
Que célébrer Uryen.

---

[32] *Lit.*: « les boucliers en main ».
[33] *Lit.*: « délimiter le clos du combat » ou « élever des barrières ». « Bâtisseur » est une conjecture ; l'expression du poème signifie : « piétineur ».
[34] Taliésin semble vouloir citer la chanson d'un ennemi d'Uryen, Hyffein.

VIII
LE BUTIN DE TALIÉSIN.
CHANT À URYEN

[BT 62]

Mon génie requiert les [sujets] difficiles
Oserai-je déclarer véritable tout ce que j'ai vu ?
N'ai-je pas vu le prince qui ne m'a pas vu ?
Les courtisans sont courageux pour [faire connaître] leurs requêtes[35].
5   J'ai vu [...] une plante parée de toutes les nuances,
Conformément à sa nature[36], j'ai vu ses boutons exploser.
N'ai-je pas vu le prince [des arbres] dans toutes ses qualités ?
J'ai vu le vainqueur de Katraeth au-delà des plaines.
10   Soyez mon prince, terreur des rois voisins !
Parce que j'ai chanté le chef des hommes,
Le bouclier des guerriers, j'ai reçu de grand dons,
Un immense butin. Mon inspiration est une lance de frêne ;
Mes boucliers, de pâles sourires devant le chef radieux.
15   Le courageux, le généreux, le plus courageux : Uryen,
Le razzieur de bétail, ne peut pas rivaliser avec moi,
[Lui qui] est [ici] entouré [d'hommes] aux cottes de mailles d'un
bleu brillant,
Le grand homme excessivement loué. Tout le monde,
À la cour, méprise[37] la couardise
20   Pleine d'effrois.
Les richesses, quand elles sont immenses dans les palais, les richesses
Du défenseur d'Aeron,
Grande est la joie des bardes et des biches[38].

---

[35] *Lit.* : « pour leurs affaires ».
[36] *Lit.* : « son habitude ».
[37] *Lit.* : « piétine ».
[38] Quand il fait la guerre et qu'il entasse le butin, Uryen ne chasse pas. D'où la joie des biches. La biche est réputée peureuse, les bardes aussi. Taliésin file sa métaphore le plus loin qu'il

Immense et féroce est son courroux devant l'ennemi.
25   Grande et puissante est sa famille pour les Bretons.
Comme une roue pleine de feu au-dessus du monde,
Comme une vague [déversant l'abondance] sur la terre de Llywfenid,
[Connu] comme une mélodie qui aurait la forme d'une prière ou
d'un chant de bataille
Et comme une mer de richesses, tel est Uryen.

Ici le poème est achevé, même si le quatrain de signature habituel au poète manque. Nous avons ci-dessous la fin d'un autre poème.

---

peut.

30   Désirable[39] [aux guerriers] est la lumière de l'aube.
Désirable le cri de bataille du roi.
Désirable la multitude des chevaux vigoureux.
[Désirable] le commencement de mai dans la demeure des ar-
mées[40].

Désirable [le roi] quand il visite son peuple
35   [Comme] l'aigle survole une large part du pays.
[Désirable] le coursier aux sabots rapides,
(J'en ai désiré un, sans pareil dans le pays, comme butin pour
Taliésin.)
Désirable est la charge des champions sur leurs chevaux.
Désirable le cadeau de l'homme noble à son seigneur.
40   Désirable la harde des cerfs dans sa fuite.
Désirable le loup avide [sur la lande] où pousse le genêt.
Désirable le pays du fils d'Eginyr.
Désirable, parmi les cris des combattants,
Le cri de ralliement [autour du]
45   Fils de Nud Hael à la grande province.
Si j'obtiens un sourire de mon prince pour moi,
Il rendra les bardes toujours heureux,
En attendant que meurent les fils de Gwydden,
Patron des ennemis du pays béni d'Uryen.

---

[39] «Les Choses haïes», «les Choses désirables» sont des thèmes fréquemment traités dans les textes traditionnels qui nous viennent des druides et des bardes. Cf. *Les dicts du druide Cadoc*, *op. cit.*: Des choses haïes de Cadoc, ; Les qualités qu'on doit choisir.
[40] Avec le printemps et l'été revient le temps des combats. On ne se battait pas l'hiver.

IX
SATISFACTION[41] À URYEN

[BT 65]

Je n'ai pas oublié
Mon seigneur.
Je m'approcherai d'Uryen,
Je chanterai pour lui.
Quand il viendra, mon protecteur,
Il recevra la bienvenue,
Le bienfaiteur du pays
L'excellent prince.
5   Je ne me soucie guère
Des consignes qu'ils donnent,
[Je ne me soucie guère] des races que je vois
Je n'habite pas
Avec les demi-rois du Nord,
Quoiqu'ils soient plus nombreux
Qu'on n'aurait jamais osé le parier...
Je ne recherche pas leur estime :
Uryen ne me refuse pas [la sienne].
Mienne est la terre de Llwyfenydd
Et ses richesses sont miennes.
Mienne est la grâce [du prince],
[Sa] générosité est pour moi.
Miens sont ses dons,
Ses délices sont miens.
Mienne la bière en abondance
Dans les cornes de buffle.
Le meilleur des princes, je l'ai chanté.

---

[41] Dans le sens : « Vous m'en rendrez satisfaction. » Le poète semble avoir été diffamé auprès d'Uryen dont il aurait raillé l'âge. On lui aurait reproché également d'être trop familier avec les rois ennemis. Taliésin se justifie.

[J'ai chanté] le plus généreux.
15   Les princes de toutes les nations
Te sont soumis.
Les peuples se lamenteront
Quand tu devras mourir ;
Et je t'aurais offensé
En plaisantant ton âge ?
Personne que j'ai aimé comme toi
Avant de te connaître.
Maintenant que je sais
Combien j'ai reçu,
20   Pas plus que le dieu suprême,
Je ne saurais te renier,
[Ni toi ni] tes fils
Courageux.
Puissent-ils faire retentir leurs chants [de guerre]
Sur la terre des ennemis !
Et moi, jusqu'à ce que je sombre dans la vieillesse
Et sous l'amère angoisse de la mort,
25   Puissé-je ne rien désirer d'autre
Que célébrer Uryen.

X
CHANT FUNÈBRE D'OWEIN, FILS D'URYEN

[BT 67]

De l'âme d'Owein, fils d'Uryen,
    Puisse le Seigneur exaucer les vœux !
Le prince de Reghed, un lourd gazon le dissimule.
    Il n'était pas une ombre, celui que j'ai chanté.
5   Dans la tombe gît le guerrier qui écoutait [autrefois]
    le chant de sa louange.
Comme les rayons éblouissants de l'aube [brillaient]
    ses lances acérées.
Qu'on ne cherche pas d'égal
    Au prince resplendissant de Llwyfenidd[42] !
Au moissonneur des ennemis féroces
10   De son père et de sa lignée !
Quand Owein a tué Flamdwyn,
    Ce n'était pas dans son sommeil.
Il les avait aveuglés, les Logriens,
    De la lumière dont il brillait.
15   Et ceux qui ne s'enfuirent pas vite,
    Vite, il les soulagea de leur destin.
Comme un loup féroce assaille les moutons,
    Impitoyablement Owein les a poursuivis,
Le héros aux armes chatoyantes.
20   Il donna leurs chevaux à ceux qui les voulaient.

    Quoiqu'il ait amassé comme butin,
Le voilà misérable,
    Celui dont l'âme ne l'était pas.
Âme d'Owein, fils d'Uryen.

---

[42] Le comté de Llwyfenidd fut l'héritage d'Owein à la mort d'Uryen.

XI
GWALLAWC

[BT 29]

Au nom du roi du ciel, qu'on se souvienne
  Des défenseurs de Lann Lleenawc.
Majestueuses les lances royales!
Majestueux les rois guerriers!
5   Il défendit la terre heureuse de Lleennawg
Il vainquit la puissante armée d'Unhwch[43].
Ils s'affrontèrent aux Pictes
  De Manaw et d'Eidin[44].
Ils n'ont pas rencontré de résistance,
10 Les amis de la compagnie de Clytwyn[45].
Il avait fait faire en suffisance pour la troupe,
Des fûts de lance, afin de satisfaire leur furie de combattre,
Combattre avec des lances pour satisfaire leur fureur.
Gwallawc les a rassasiés de batailles,
15   Aussi bien Gwyduwyt qu'Arthles.
Bataille d'Agathes[46], sous les encouragements des chants,
  À cause des provocations d'Ybrot.
Bataille du Cap Bretwyn, dans la fureur de l'incendie;
  Illimitée la fureur [du feu]!
20 Bataille devant les forteresses de Galles.
  Bataille contre les Effrayés en Aeron.
Bataille en Arddunyon et en Aeron Eidinet[47],
  Où furent blessés tant de fils.

---

43 Un roi breton opposé à Uryen.
44 Le Manau Guotodin de l'*Historia Brittonum*, LXII; Skene lit *Eiddyn* qu'il identifie à Edimbourg.
45 C'est le nom de l'un des fils de Brychan; mais il n'est pas certain qu'il s'agisse du même personnage.
46 D'après Skene: Irongath Hill near Lintlithgow.
47 Aeron en Ecosse?

Bataille du bois de Beid[48], à la pointe du jour,
25   Tu n'estimais guère tes ennemis.
Bataille devant Gwydawl et Mabon :
        Pas de survivants pour célébrer [cette bataille]avant le
                                        jour du Jugement.
Bataille de Gwensteri[49] où les Logriens furent soumis ;
        Ils déjeunèrent de lances[50] !
30   Bataille de Rosteira[51], à l'aurore,
Gwragawn fut très habile dans la bataille,
Comme le barde le fut dès le commencement de son ode.
Ils ont rempli les étables du bétail
Des rois qui furent malchanceux à la guerre.
35   Iarddur, Hyfeidd et Gwallawc,
Et Owein Môn, le descendant de Maelgwn s'est soumis.
Puissent-ils déposer les armes, les vaincus !
        [Bataille] au bout du bois de Cleddyfein,
        Encore des corps brisés.
40   Les corbeaux les disperseront.
Chez les Pictes, en Eidin, on admettra [ta valeur]
À Gafran[52] et dans le comté de Brecheinawc[53],
À Erbyn, quand tu revêtiras ta cuirasse.
Il n'a jamais vu de héros celui qui n'a pas vu Gwallawc.

---

[48] Pour Skene, la lande de Beith en Ayrshire.

[49] Identifiée par Skene comme la rivière Winster : « There is a river which separates Cumberland and Westmorland, and another in Derbyshire, called the Winster. »

[50] Excepté la racine du mot lance qui reste lisible, ce vers est totalement incompréhensible, probablement parce que le copiste a substitué les Logriens aux Saxons dans le vers précédent. Cette restauration (ou vers de remplacement) est pure conjecture du traducteur qui suit ici le ton du vers 27 et souhaite rester dans le rythme des vers de commentaires qui suivent l'énoncé de chaque bataille

[51] La plaine ou la lande « blanche-neige ».

[52] Pour Lloyd-Jones, il s'agirait de Gowrie en Ecosse. Girvan in Ayrshire pour Skene.

[53] Brechin, près de Montrose, dans le Forfarshire en Ecosse, d'après Skene.

XII
AU NOM DU ROI DES CIEUX

[BT 63]

Au nom du roi des cieux. Ils se lamentent
    Et déplorent leur prince.
Il a repoussé l'attaque des oppresseurs
    Run fils de Nud fils de Nwython.
5   Le roi que je célèbre conformément à la coutume des bardes bretons,
    L'hôte très généreux des savants druides.
        Aux jongleurs, le bruit! à moi le chant.
    J'ai le droit de célébrer un roi[54].
    Digne de respect dans son pays.
10   Donner ne lui cause pas de peine.
    Il est difficile de se séparer des richesses.
    Pas de rancœur [contre] le prince qui ne refuse jamais.
    [Suivant l'avis] des rapiats[55], ils devraient être tristes, les princes!
    Et mélancoliques, leurs vies…
15   Elles ne les suivront pas dans la terre, les richesses
    Des avares! Ils seront dans l'affliction, là où ils iront,
    Avec les multitudes de la terre, au delà de la Bretagne, dans l'au-delà.
    Qu'il est vil leur souci!
    Qu'ils restent vils, on les jugera.
20   Tous ils seront jugés — leur cause est entendue! —
    Devant celui qu'on appelle le juge d'Elmet[56].
    À l'homme malavisé, [le poète] jamais ne paie tribut [de gloire],
    Au téméraire qui se jette la tête la première dans la mêlée.
    Rapide, Gwallawc au milieu des soldats!
25   Prudent, Gwallawc dans l'assaut!
    Il ne requiert l'avis de personne.
        N'est-il pas mon prince.

---

[54] Les lois celtiques protégeaient l'exercice de la profession de barde.
[55] *Lit.* : «les regardants».
[56] District des environs de Leeds.

Ici le copiste a probablement sauté une page. Les vers 27 et 28 ne se raccordent pas. Le rythme et les rimes non plus. C'est un autre poème qui suit. Mais le texte est si corrompu que c'est à peine si l'on en peut comprendre une dizaine de vers.

30   …
      Le barde[57] est agréé aussi pour ses contes.
      Les princes courageux dressent la tête dans les batailles,
      Brillants comme le soleil. Le maître de l'été
      Chante leur renommée.
35   Chante le barde leur excellence (?)
      …
      …
      …
      Je connais la chaleur. Vapeurs chaudes, chaudes vapeurs.
40   …
      …
      …
      Il est agile pour fuir, l'ennemi !
      …
45   Sur son cheval apparut Moryal[58].
      Tu aimes son port royal.
      Des otages [aux mains pleines de] richesses, se livraient d'eux-mê-
                                                              mes à lui.

      De Caer Clut à Caer Caradoc,
      Aussi bien qu'au pays de Penprys, ô Gwallawc,
50   Tous les rois gardent le silence et la paix.

---

[57] *Lit.*: «le chanteur».
[58] Terme composé de mawr et de gal, on peut le traduire : «à la grande vertu».

LE COMBAT DES ARBRES
KAT GODEU

LE COMBAT DES ARBRES[59]

J'ai vécu sous d'innombrables formes
Avant de revêtir une forme pensante.
J'ai été une épée aux couleurs d'arc-en-ciel[60].
J'ai foi en ce qui est.
5 J'ai été larme dans l'azur.
J'ai été la plus brillante des étoiles.
J'ai été mot parmi les lettres.
J'ai été livre au commencement.
J'ai été la flamme des lanternes,
10 Une année et demie.
J'ai été un pont au-dessus
De trois vingtaines d'abers.
J'ai été un chemin, j'ai été un aigle.
J'ai été un coracle sur les eaux.
15 J'ai été un bouillonnement dans la bière.
J'ai été goutte dans l'averse.
J'ai été une épée dans une poigne [forte].
J'ai été un écu au combat.
J'ai été une corde d'une harpe
20 D'enchantement, neuf ans.
J'ai été dans l'eau, dans l'écume.
J'ai été éponge dans le feu,
Un arbre dans le fourré.
Pas moi qui n'aurait pas chanté
25 Une bataille, même petite.
Une bataille de brindilles dans le combat des arbres,
Devant le prince de Bretagne,
Où furent capturés des centaines de chevaux[61],
[Et] des flots de richesses.

---

[59] Skene, *Book of Taliesin*, Fol. 11. a. ; *F.A.B.* p. 137-144.
[60] *Lit.* : « bariolée ».
[61] Une bataille victorieuse est celle où l'on capture du bétail. Cf. Taliésin, *Odes*, V, 8 ; X, 20.

34

30   Survint une bête aux larges mâchoires,
     Aux cent têtes. Une bataille était livrée
     À la racine de sa langue.
     Une autre était livrée,
     À la racine
35   De son crâne.
     Un crapaud noir[62] cornu.
     Armé de cent griffes.
     Serpent crêté multicolore.
     Une centaine d'âmes, au cœur du mal
40   Seront tourmentées dans sa chair.
     J'ai été à Caer Nevenydd[63].
     Là où l'herbe et les arbres se hâtent [de pousser].
     Des guerriers chantaient.
     Des guerriers attaquaient.
45   L'éloge des Bretons
     Fut célébré par Gwydyon.
     On invoqua les saints
     Le Christ et ses pouvoirs,
     Jusqu'à ce que le créateur
50   Délivre ceux qu'il avait créés.
     Le seigneur répondit
     À travers la parole et les éléments.
     Prenez les signes des arbres premiers,
     Avec vous, en ligne de bataille.
55   Éloignez le public
     Ignorant du combat.
     Quand les arbres furent enchantés,
     Pour leur œuvre d'arbres,
     Les arbres s'accordèrent.
60   Par l'harmonie des harpes,
     Les disputes cessèrent.
     Tranchons les jours tristes!
     Une femme fait cesser le vacarme.

---

[62] *Buffo vulgaris.*
[63] Skene transcrit: Caer Vevenir. Nous suivons ici la transcription de Christian-J. Guyonvarc'h.

Elle marche au combat ;
65 En tête de ligne, la femme est chef.
Les dépouilles des vaches de l'Enfer[64]
Nous seront profitables,
Le sang des hommes jusqu'aux genoux.
La plus grande des trois pensées
70 Qui se manifestèrent dans le monde
Quelqu'un l'a achevée
En considérant le déluge,
Le Christ en croix,
Le jour du Jugement tout proche[65].
75 Les aulnes en tête de ligne
Avancent les premiers.
Les saules et les sorbiers
Tardivement, vinrent dans les rangs.
Les pruniers aux épines
80 Inopportunes aux hommes.
Les néfliers vigoureux
Triompheront de l'ennemi.
Les rosiers marchèrent
Contre une horde de géants.
85 Les framboisiers firent miracle.
Pas de meilleure nourriture
Pour soutenir la vie.
Le troène et le chèvrefeuille,
Avec le lierre devant eux,
90 Foncèrent à l'enclos du combat.
Les prunus furent audacieux
Le bouleau avec son esprit élevé
Fut équipé le dernier,
Non pas à cause de sa couardise
95 Mais à cause de sa grandeur.
Le cytise se souciait davantage
Des étrangers que de courage.
Le pin se tient devant

---

[64] C'est avec des peaux de vaches qu'on fabriquait les coracles.
[65] *Lit.* : « à portée de main ».

La chaire du combat.
100 Le frêne fut très honoré
Par le pouvoir des princes.
L'orme, en dépit du grand nombre,
Ne recula pas d'un pied,
Luttant au centre
105 Et sur les flancs et à l'arrière.
Les noisetiers furent estimés
Par leur nombre dans la bataille.
Le troène, destinée bénie,
Taureau dans le combat, seigneur du monde.
110 Près des rivages de la mer,
Le hêtre prospérait.
Le houx fut teint en vert :
Il était un héros ;
L'épineux se protégeait de tous côtés
115 La blessure à la main.
La vigne [déjà] taillée
Fut [re]taillée dans le combat.
Les fougères furent pillées.
Le genêt à l'avant-garde
120 Dans le fossé fut tranché.
L'ajonc ne fut pas bon,
En dépit de son nombre.
La bruyère fut victorieuse sur tous les fronts.
Les hommes furent enchantés,
125 Pendant le temps de la poursuite des fuyards.
Le chêne est rapide ;
Devant lui tremblent le ciel et la terre ;
Vaillant gardien du seuil devant l'ennemi,
Son nom est respecté.
130 Les jacinthes [des deux camps] s'associèrent
Et causèrent la consternation.
En repoussant [l'assaut], elles furent repoussées ;
Et d'autres transpercées.
Les poiriers, les meilleurs assaillants
135 Dans le combat de plaine ;

Ils ont envahi la première forêt[66],
Le chemin des grands arbres.
Les châtaigniers pudiques,
Combattent les pins.
140   Le jais est devenu noir.
La montagne est devenue bossue.
Les bois se sont faits fours.
L'eau est devenue la grande mer.
Avant que cela ne soit dit,
145   Le bouleau nous a couverts de feuilles ;
Il nous a désenchantés et métamorphosés.
Les feuilles du chêne nous ont ensorcelés
Par l'invocation du roi-chêne,
Qui riait à côté du rocher.
150   Le seigneur n'est pas d'une ardente nature.
Ni de mère ni de père
Je n'ai été créé.
Mon créateur m'a fait
Des neufs éléments,
155   Du fruit des fruits,
Du fruit, du dieu originel,
Des primevères, des fleurs de la colline,
De la fleur des arbres et des arbrisseaux,
De l'argile, de la terre.
160   Quand j'ai été formé
De la fleur des orties,
De l'eau de la neuvième vague,
J'ai été enchanté par Math
Avant de devenir immortel.
165   J'ai été enchanté par Gwyddion
L'initiateur des Bretons,
D'Eurwys, d'Euron,
D'Euron de Modron,
Des cinq cinquantaines d'artisans,
170   Des Inspirés, enfants de Math.
Quand le premier élan eut lieu,

---

[66] Skene : « un bois très courroucé ».

Le maître m'a enchanté ;
Lorsqu'il fut à moitié consumé,
J'ai été enchanté par le sage
175   Des sages du premier monde.
Quand je suis venu à l'existence
J'étais une petite chose :
Barde harmonieux. — Connaissent l'abondance —.
Le chant de louange, ma langue le récitera.
180   J'ai joué dans le crépuscule.
J'ai dormi dans la pourpre.
J'ai été dans l'enchantement,
Avec Dylan, fils de la mer.
J'ai été sur la circonférence et au centre [du cercle],
185   Entre les genoux des maîtres.
J'ai été deux lances sans désir[67].
Quand elles tombaient des cieux
Dans l'abîme[68]. Elles brilleront ;
Elles iront à la bataille ;
190   Quatre-vingts centaines
Suivront leur volonté.
Ni plus vieux ni plus jeunes
Que moi dans leurs métamorphoses[69].
Miracle ! Cent homme sont nés, chacun de neuf cents hommes.
195   Il y avait aussi avec moi
Sur mon épée une tache de sang.
Honneur me fut rendu
Par le seigneur, et sa protection [promise] où qu'il soit.
Si je viens là où le sanglier a été sacrifié.
200   Il fera, il défera,
Il formera les langues,
Le Lumineux à la main forte[70].
Lug ordonne les nombres :
Il se répandront dans l'éther,
205   Quand je viendrai en haut.

---

[67] *Lit.* : « sans volonté ». Skene traduit : *not keen*, non aiguisées.
[68] Le monde inférieur.
[69] *Lit.* : « divisions ».
[70] Le dieu Lug.

Je fus un serpent tacheté sur la colline.
Je fus une vouivre dans un lac[71].
J'ai été l'esclave de Kynbin[72] ;
J'ai été gardien de bœufs.
210 Ma robe et ma coupc,
Je l'affirme, ne sont pas une supercherie.
Quatre vingtaines de fumées
Sur ceux qui feront venir
Cinq bataillons d'Angles !
215 Seront saisis par mon couteau
Six chevaux à la robe isabelle.
Il est cent fois meilleur
Mon cheval Melyngan,
Aussi rapide que la mouette.
220 Moi-même je ne passerai pas
[Comme lui] entre la vague et la grève[73],
Mais je triomphe au Champ du sang
Contre neuf cent guerriers.
Rouges sont les pierres de mon diadème,
225 Et d'or la bordure de mon bouclier.
Ils ne sont pas nés du vide
Ceux qui m'ont visité,
Excepté Goronwy
Des vallons d'Edrywy.
230 Longs et blancs sont mes doigts.
Il y a longtemps que j'ai été gardien de troupeau.
J'ai traversé la terre
Avant de devenir un sage[74].
J'ai voyagé, j'ai circulé[75].
235 J'ai dormi dans cent îles ;

---

[71] Le texte porte : *gwiber*, la vipère d'eau. C'est la déesse-serpent des eaux dont le folklore a conservé le nom gaulois : *vouivre*. Béroul qualifie aussi Iseult de guivre.
[72] *Lit.* : « J'ai été esclave avec/chez Kynbin. »
[73] *Lit.* : « entre la mer et la terre. »
[74] *Lit.* : « un enseignant, un lettré », mais c'est « un sachant » plus qu'un savant qu'il faut comprendre.
[75] Selon les croyances des druides, l'être accompli différents cycles d'existence dans des mondes sphériques. Le *kylchyneis* de l'auteur ne signifie pas seulement qu'il a « roulé sa bosse ». Il a très précisément « cycliqué ».

Dans cent villes, j'ai habité.
Ô Druides savants,
Annoncez à Arthur
Ce qu'il y a de plus originel
240   Dans ce que vous chantez !
Et il y en a un qui est venu
Considérant le déluge,
Le Christ en croix,
Le jour du Jugement tout proche.
245   Pierre d'or dans un bijou d'or,
M'enchantera sa beauté !
Je serai dans la joie
Loin de l'oppression des forgerons[76].

---

[76] Alchimistes et forgerons, les dieux martèlent et torturent les êtres jusqu'à leur métamorphose en une « pierre d'or dans un bijou d'or » ?

ANNEXES

I
—
TRADUCTIONS ET NOTES
DE HERSART DE LA VILLEMARQUÉ

I. La bataille d'Argoed-Loueven
(vers 547)
—
Argument

Cette bataille fut l'une des premières livrées par les Bretons du nord aux Anglo-Saxons.

«Pour mieux réussir contre les habitants de ces contrées, dit l'illustre historien de la conquête des Normands, ils firent alliance avec les Pictes; et ces deux ennemis confédérés s'avancèrent de l'est à l'ouest, frappant les indigènes d'un tel effroi que le roi des Angles reçut d'eux le surnom d'homme de feu[77].

Malgré sa férocité et sa bravoure, Ida rencontra, au pied des montagnes d'où descend la Clyde, une population qui lui résista[78].»

Urien était à la tête des hommes de Reghed, ses sujets, et de ceux de Godeu ou Godo, probablement le pays de Gododin, gouverné par Aneurin; il avait pour auxiliaires son fis Owen, son cousin Kéneu, fils de Koel, et Taliésin, son barde, qui a chanté, comme on va voir, sa victoire sur les Germains.

> Samedi matin, un grand combat a eu lieu;
> (il a duré) depuis le lever du soleil jusqu'à son coucher.
> Le Porte-brandon se précipitait avec quatre bataillons,
> pour combattre Godeu et Reghed.
> Ils s'étendirent des bois aux montagnes,
> mais ils ne vécurent qu'un jour.

---

[77] À la lettre: porte-flamme, porte-brandon.
[78] T. 1, p. 40, 7ᵉ édition.

Le Porte-brandon criait d'une voix forte :
— « Nous seront-ils livrés, nos otages, sont-ils prêts ? »
Owen répondit, en tirant son épée :
— « Ils ne te seront pas livrés, ils ne sont pas, ils ne seront jamais prêts. »
Kéneu aussi, le fils de Koel, aurait été opprimé, le lion,
plutôt que de livrer un (seul) otage à personne.
(Alors) Urien, le chef de la plaine cultivée, s'écria :
— « Homme de ma famille, ici réunis,
levons notre étendard sur la montagne !
Et marchons contre les envahisseurs de la plaine !
et tournons nos lances contre la tête des guerriers !
Et cherchons le Porte-brandon au milieu de son armée !
et tuons avec lui ses alliés ! »
Or, dans la bataille d'Argoed-Louéven,
il y eut bien des cadavres.
Dans les ruisseaux (sanglants) du combat,
les corbeaux rougirent. Et le peuple se hâta de publier la nouvelle ;
et moi, je célébrerai cette année jusqu'à ce que je ne gravite plus[79].
Oui, jusqu'à ce que je défaille et (devienne) vieux ;
jusqu'à ce que la rude angoisse de la mort arrive,
je ne sourirai point,
si je ne loue pas Urien !

NOTES ET ÉCLAIRCISSEMENTS
À « LA BATAILLE D'ARGOED-LOUEVEN »

Ida est resté célèbre dans la poésie galloise, sous le sobriquet que lui donne Taliésin : un barde du XIIᵉ siècle ne croit pas pouvoir mieux louer son patron, qu'en disant : « Il courait à l'assaut comme le Porte-brandon incendiairc[80]. » Le même barde, parlant d'un autre prince, compare sa bravoure à celle d'Owen, son homonyme, à la bataille d'Argoed : « ainsi dit-il, l'héroïque Owen, ce roi de la mêlée, entassait les cadavres au combat d'Argoed Louéven. » Il fut livré, comme le titre l'indique, dans cette partie boisée de la Clyde dont Liwarc'h Henn était

---

[79] Allusion aux sphères de l'existence humaine.
[80] *Myvyr. arch.*, t. 1, p. 235 et 207.

le chef. À en juger par le mot Louéven, un ormeau s'élevait sur le champ de bataille, auquel il a laissé son nom. C'est ainsi que le nom de combat du chêne est resté à notre glorieuse affaire de Mi-Voie, parce qu'on voyait un grand chêne dans la plaine où Beaumanoir et ses Bretons battirent les Saxons de Bambourch. La victoire de l'Ormeau d'Argoed fut gagnée un samedi, et celle du Chêne de Mi-Voie (je ne puis m'empêcher de signaler cette coïncidence), un samedi aussi. À ce bon samedi, observe le panégyriste de Beaumanoir, son contemporain :

> À ce bon samedi, Beaumanoir si jeûna,
> Grand soif eut le baron, à boire demanda :
> — Bois ton sang, Beaumanoir, la soif te passera !

Ce jour était donc non moins propice aux Bretons que fatal à leurs ennemis : ils le regardaient, et le regardent encore, en Armorique, comme un des jours heureux de la semaine.

II. La bataille de Gwenn-Estrad
(de 547 à 579)

—

Argument

Urien est encore le héros de ce chant de Taliésin.

La garnison de Kaltraez, qui, plus tard, devait être si cruellement décimée, marchait sous les ordres du prince de Reghed contre les Angles, campés dans une vallée de la Clyde, appelée Gwenn-Estrad, où s'élevait une forteresse bretonne du même nom, dont les ennemis s'étaient emparés.

La citadelle ne put résister aux Bretons ; les Angles furent ensevelis sous les ruines de ses remparts, ou noyés dans les eaux de la rivière voisine, en voulant la passer à gué. Peu d'entre eux échappèrent par la fuite à la mort.

Témoin du combat, le barde d'Urien chanta la nouvelle victoire de son royal patron.

> Ils s'étaient levés avec le jour, les guerriers de Kaltraez,
> pour la bataille du prince, ce victorieux pasteur (d'hommes),
> ce vieillard tant chanté,

ce soutien d'un royaume qui sollicite sa puissance belliqueuse,
et indomptable roi baptisé !

Les guerriers de Bretagne étaient venus en armes à Gwenn-Estrad,
et avaient offert le combat des ennemis.
Ni la plaine, ni les bois ne purent sauver ces gens,
quand les hommes libres accoururent comme des vagues
furieuses qui s'élancent par-dessus le rivage.

J'ai vu en armes les guerriers vaillants,
et, après le combat du matin, des chairs en lambeaux.
Je les ai vus dans la mêlée tomber, accablés de fatigue ;
(j'ai vu) le sang ruisselant inonder la plaine au loin.

J'ai vu le rempart qui défendait Gwenn-Estrad
abattu sur l'herbe jaunie.
J'ai vu, au passage du gué, des guerriers avec des taches rouges,
livrer leurs armes à la vague grise en fureur :
au moment où leurs solides remparts s'en allaient (emportés) d'assaut,
les mains en croix, tremblants sur la grève,
le visage pâle, leurs chefs s'en allaient de concert (rouler) sous les flots dé-
                                                                    bordés,
et les vagues lavaient les crins (sanglants) des envahisseurs.

J'ai vu nos brillants guerriers presque hors d'eux-mêmes,
dont le sang souillait les vêtements,
porter des coups furieux et continuels dans le combat ;
le combat, ils le soutinrent bien ; la fuite ne fut pas possible, grâce à leurs
                                                                    efforts.
Le chef de Reghed est terrible, quand on l'a bravé !
J'ai vu la joue d'Urien enflammée par la colère,
quand il attaquait avec rage les étrangers près de la Pierre Blanche de Ka-
                                                                    lesten,
sa lame en fureur s'enfonçait dans les boucliers des guerriers ;
elle était portée par la Mort !
Que l'ardeur des combats dévore Euronoui !

Et moi, jusqu'à ce que je défaille (et devienne) vieux,
jusqu'à ce que la rude angoisse de la Mort arrive,
je ne sourirai pas
si je ne loue pas Urien!

NOTES ET ÉCLAIRCISSEMENTS

On s'accorde généralement à croire la victoire de Gwenn-Estrad gagnée contre Ida de 547 à 560. Ce qu'il y a de certain, c'est qu'elle est antérieure au siège de Medcaud et au désastre de Kaltraez. On se souvient en effet qu'Urien périt au siège dont je viens de parler, qu'il n'assistait pas à la bataille de Kaltraez, et que la garnison de cette citadelle, victorieuse avec lui, fut égorgée plus tard avec son fils Owen. Serait-ce la forteresse de Gwenn-Estrad qu'on appelle aujourd'hui passage de STRAD QUEN, ou STRAD QUEN's ferry? Entre Strad Quen et Gwenn-Estrad, il n'y a d'autre différence que le changement de Gwenn en quen, et celui d'Estrad en strad. Le premier est une altération manifeste; le second est tout naturel; le gaël-écossais strad (vallée) répondant exactement au breton-gallois estrad (ystrad). Quant à la position du mot Gwenn, elle est arbitraire, et l'on a dit indifféremment Gwenn Estrad et Strad Gwenn. Ajoutons à cette similitude de nom, 1° que le passage de Strad Quen était l'un des points les plus importants de la Grande Tranchée, du côté de l'orient; 2° qu'il était défendu par un fort; 3° qu'une rivière, où la mer montait, baignait ses remparts; trois caractères qui conviennent tout-à-fait aux lieux où les Germains, suivant Taliésin, furent engloutis sous les flots, en voulant passer la rivière à gué.

Une connaissance plus approfondie que la mienne de la topographie de l'Ecosse, fera découvrir sans doute l'autre lieu qu'indique Taliésin. Euronoui, dont il enflamme l'ardeur belliqueuse, était une princesse bretonne, soeur du héros Kenon, chanté par Aneurin, et fille de Kledno, d'Edin, citadelle située à quelques milles de Strad Quen's ferry.

III. LE COMBAT DE MENAO
(VERS 560)

—

ARGUMENT

Le remarquable chant auquel nous donnons ce titre, n'en porte aucun dans les manuscrits; l'éditeur du Myvyrian Archaiology of Wales, l'intitule vaguement, à URIEN, comme les deux pièces qui le précèdent et celle qui le suit: évidemment, une pareille qualification ne saurait lui suffire; il en méritait une plus précise.

Taliésin y célèbre une nouvelle victoire de son royal patron sur les Angles, victoire dont personne, à notre connaissance, n'a encore parlé. Agresseurs cette fois, et portant leurs armes sur le territoire ennemis, les Bretons firent un grand carnage des Germains, et revinrent chargés de butin.

> Cette année,
> un chef prodigue de vin,
> de pièces (d'or) et d'hydromel
> et de courage sans barbarie,
> a franchi les frontières;
> Et suivi d'un essaim de lances,
> et de ses chefs unis,
> et de ses brillants nobles,
> tous bien disposés,
> il est allé au combat;
> Et monté sur son cheval,
> il a soutenu le combat de Menao,
> enflammant la muse (bardique).
>
> Quel butin abondant pour l'armée!
> Huit (fois) vingt (bêtes) d'une seule couleur,
> veaux et vaches!
> Vaches de lait et boeufs,
> et des richesses de toute espèce!
>
> Ah! j'aurais cessé d'être gai
> si Urien eût péri!

Il a été haché, le chef aux langages (divers) ;
tremblant, frissonnant,
le Saxon a eu ses cheveux blancs lavés (dans son sang) ;
on l'a emporté sur un brancard,
le front sanglant,
mal défendu par le sang des siens !
Ce brave et insolent guerrier
laisse son épouse veuve.
J'ai du vin de mon chef !
J'ai souvent du vin, grâce à lui !
C'est lui qui m'inspire, lui qui me soutient, lui qui me guide !
Aucun ne l'égale en grandeur !
Il n'est point de famine
pour ceux qui pillent dans sa compagnie.

Quand il combat, vêtu de son armure émaillée d'azur éblouissant,
sa lance azuré est le lieutenant de la Mort, dans le carnage de ses
ennemis.

Ah ! jusqu'à ce que je défaille, en vieillissant,
et que la rude angoisse du trépas arrive,
je ne sourirai point
si je ne célèbre Urien !

NOTES ET ÉCLAIRCISSEMENTS

Cette pièce, qui se trouve, comme les deux précédentes, dans le Livre de Taliésin, manuscrit du XIIᵉ siècle, n'offre, au premier coup-d'oeil, d'importance que par son incontestable mérite littéraire ; mais en l'examinant de près, on lui découvre une valeur historique assez grande. Nous avons vu que Bun, la Belle Traîtresse, épouse d'Ida, avait survécu à son mari. Ne serait-ce pas elle que Taliésin désigne sous les traits de cette femme qu'un chef Saxon laisse veuve ? Nous connaîtrions alors les circonstances, ignorées jusqu'ici, de la mort d'Ida : on savait seulement, par une autre pièce de Taliésin qu'on lira bientôt, qu'il avait péri de la main du fils d'Urien. Adda ayant succédé à son père vers l'an 560, il faudrait placer dans la même année l'événement chanté par notre barde et la composition de son poème.

Menao ou Mynaw, pays près des frontières duquel se livra la bataille qu'il célèbre, doit être le Manau de Nennius, partie limitrophe de l'isthme resserré entre l'embouchure du Forth et celle de la Clyde où régnait Cunéda, bisaïeul du roi Maelgoun.

IV. Chant à Urien

—

Argument

Urien, après d'abondantes largesses, donnait à ses guerriers un splendide banquet.

La fête s'était prolongée dans la nuit ; le palais rayonnait de l'éclat d'un grand feu allumé dans l'âtre ; réunis autour de leur père, les fils du chef breton se faisait remarquer parmi les convives, et plusieurs bardes, Taliésin à leur tête, occupaient au festin leur place accoutumée.

Peut-être une des trois victoires que nous l'avons entendu célébrer, avait-elle favorisé, la veille, les armes des Bretons, car, élevant la voix, le prince des bardes chanta ainsi :

> Urien, (chef) de la plaine cultivée,
> ô le plus généreux des humains en tes dons !
> Combien tu as donné
> de cuivre à tes hommes !

> Ils en ont recueilli, comme
> (on recueille) du blé répandu !

> Les bardes sont comblés de faveurs !
> Ta vaillance surpasse tout !

> Il est la plus grande joie du dispensateur de l'éloge,
> le (chef) renommé ;
> Elle est sa plus grande gloire,
> la fortune d'Urien et celle de ses fils ;
> Sa fortune à lui, surtout,
> le chef suprême !

Il commande au loin :
les Logriens, les premiers, sont tombés (sous ses coups).

Sur les citadelles lointaines,
il commande en souverain.

Les Logriens sont tombés,
qu'ils parlementaient (encore) :
ils ont trouvé la mort
et mille anxiétés.

Leurs villes ont été brûlées,
et leurs armes enlevées,
et leurs richesses perdues,
en grand nombre, à la fois,
sans qu'ils aient trouvé de protection
contre Urien de Reghed !

O défenseur de Reghed !
chef glorieux, ancre (de salut) du pays,
ma muse (bardique) te célèbre,
toi dont chacun entend (parler au loin) ;
(elle célèbre) ta lance qui ne cesse de frapper,
quand elle a entendu le (bruit du) combat ;

Quand tu prends part au combat,
faisant des prodiges de valeur.
Le feu (brille) plus que le jour dans le palais,
devant le chef de la plaine cultivée ;

De la plaine si belle, (dans le palais)
où il a réuni ses guerriers.

Les Angles sont sans hommage de la part de mon brave souverain
et de sa brave postérité ;
De ta postérité, la plus brillante
qui ait existé
et qui existera (jamais),

à laquelle on n'en trouve point de comparable,
quand on la contemple.

La terreur (qu'elle inspire) est grande.
(Cette nuit) il donne un festin à ceux qui l'entourent,
mon souverain, selon sa coutume.

Autour de lui quelle fête!
et quelle immense multitude environne
le roi magnifique du nord,
le chef des chefs!

Ah! jusqu'à ce que je défaille (en devenant) vieux,
et que la rude angoisse de la Mort arrive,
je ne sourirai point,
si je ne loue pas Urien!

Notes et éclaircissements

Il ne serait pas impossible que cette fête eût été donnée en réjouissance de la bataille d'Argoed, et l'éloge qu'on vient de lire composé pour la même circonstance. La place qu'il occupe dans les manuscrits, où il vient immédiatement après la bataille en question pourrait le faire croire.

J'ai fais remarquer, dans le discours préliminaire, le rapport de ce chant avec un poème dont Possidonius nous a conservé le souvenir Le barde gaulois à qui le chef Louarn jeta une bourse pleine, comme Urien à Taliésin, ne fut pas moins sobre d'éloge que ce dernier. Du reste, si le poète breton montre un peu d'avidité pour le cuivre de son patron, sa reconnaissance et son dévouement ne l'excusent-ils pas un peu?

Le texte de ce poème existe dans la collection des Bardes primitifs gallois de la bibliothèque d'Hengurt, et dans plusieurs autres manuscrits.

V. Dédommagement à Urien

—

Argument

On ne connait point précisément le motif qui fit adresser cette pièce à son patron par Taliésin : quelque chef breton aurait-il blessé Urien ? Les démêlés funestes qui entraînèrent sa mort, la jalousie dont il devint l'objet commençaient-ils déjà à troubler le repos d'une vie toute dévouée à la défense de son pays ? Pures suppositions, mais tout-à-fait fondées. Un mot de Gildas, son proche voisin et son contemporain où je crois voir une allusion aux vertus d'Urien, rapproché du passage de Nennius, cité précédemment, ne peut laisser de doute en effet sur les chagrins qui abreuvèrent les derniers jours du prince breton. Nennius, on s'en souvient, dit qu'il périt victime «de l'envie, parce qu'il possédait des qualités guerrières très éminentes et très supérieures à celles de tous les autres rois.»

Gildas s'exprime ainsi, de son côté, dans son pieux langage : «Si quelqu'un de ces rois était plus humain que les autres et plus ami de la vérité, c'était vers lui que se dirigeaient, comme vers le perturbateur de toute la Bretagne, toutes les haines et tous les traits[81].»

N'oublions pas que Taliésin parle de la bravoure sans barbarie d'Urien, et que ce prince fut mis au nombre des Saints.

> Le lion est très tourmenté ;
> je ne l'irriterai point,
> mais je m'approcherai d'Urien
> et je chanterai pour lui.

> Quand il arrive, celui à qui je rends hommage,
> je me trouve admis
> à la place d'honneur, (et noyé)
> sous des flots d'harmonie.

> Je ne suis pas grandement interdit,
> quelque (nobles que) soient les (autres) tribus que je vois ;
> je ne vais point à elles,
> je ne suis point avec elles ;

---

[81] *Si quis eorum mitior et veritati aliquatenus propior videretur, in hunc Britanniæ quasi subversorem omnia odia telaque torquebantur.* (Ed. de Gale, p. 15).

Je ne m'adresse point au Nord
et à ses rois sans nombre,
de quelque multitude d'otages
que je les voie entourés;

Il n'est point nécessaire qu'ils m'aiment,
tant qu'Urien ne me retire point
mes terres de Louéven;
et qu'à moi restent leurs produits;
à moi le repos;
à moi le contentement.

À moi les métaux,
à moi toutes les jouissances,
et les cornes d'hydromel,
et le bien suprême, avec mon prince de lumière,
le plus généreux (roi) dont certes on entende parler!

Les chefs aux langages divers
sont tous tes esclaves;

Devant toi marchera la (douleur)
au jour de ta mort;

Quant elle viendra (à toi), elle me menacera moi-même.
Hélas! ce maître que j'invoquerais,
je n'aurais pu en aimer de meilleur,
pendant tout le temps que je le connus!

Lorsque je considère quelle est sa majesté,
je ne trouve que Dieu de plus grand que lui,
et de plus utile (aux humains).

Que les princes tes fils,
les plus généreux des hommes,
fassent résonner leurs lances
sur les terres de leurs ennemis!

Pour moi, jusqu'à ce que je défaille en vieillissant,
et que la rude angoisse de la Mort m'arrive,
je ne sourirai point
si je ne chante pas Urien!

NOTES ET ÉCLAIRCISSEMENTS

Ainsi chantait le barde pour dédommager son souverain des injures que lui faisaient subir la haine et l'envie des autres rois bretons, et l'on croira sans peine qu'il y réussit.

Le début de ce petit poème et plusieurs traits qu'on y remarque, offrent une adresse, un art et une chaleur d'âme qui feraient honneur à des poètes d'une époque plus civilisée. Les quatre derniers vers sont comme le refrain de toutes les pièces de Taliésin en l'honneur d'Urien : ils les marquent d'un cachet touchant : ce n'est pas sans attendrissement qu'on voit le serviteur fidèle, ou plutôt l'ami respectueux du prince, lui donner ces preuves répétées d'un attachement qui ne devait jamais finir. Le Dédommagement à Urien se trouve à la fois dans le Livre de Taliésin, de la bibliothèque d'Hengurt, et dans le Livre rouge de Herghest : l'éditeur du Myvyrian Archaiology of Wales a suivi une copie du premier ; je les ai éclairés l'un par l'autre.

VI. CHANT DE MORT D'OWEN, FILS D'URIEN
(DE 572 À 580)

—

ARGUMENT

Il était réservé à Owen d'être chanté, comme son père, par deux princes des bardes du VIe siècle : l'un eut pour panégyristes le vieux roi Liwarc'h et Taliésin, l'autre, Taliésin et le chef Aneurin.

On a lu les stances affectueuses et pleines d'énergie que lui a consacrées le dernier de ces poètes dans le Gododin ; voici en quels termes le premier fait son éloge dans un fragment de poésie parvenu jusqu'à nous, fragment qui laisse d'autant plus de regrets de la perte du reste de la pièce, qu'il est plus lyrique et plus entraînant.

Âme d'Owen, fils d'Urien!
Que le Seigneur voie
ses besoins!
Le chef de Reghed est caché sous un tertre vert!
Il n'y avait point d'entrave
à sa protection;
(elle avait) des ailes, son épée rapide et glorieuse;
des ailes, sa grande lance
affilée;
Qu'on ne cherche point
d'égal à ce chef
de l'ouest[82],
à ce brillant (prince), à ce rude moissonneur
d'ennemis[83], à ce (digne) fils de son père
et de son aïeul!
Quand Owen tua le *Porte-brandon*,
aucun obstacle ne s'offrit:
il dormait, (l'ennemi);

Elle dormait, la grande armée des Logriens,
avec une torche
dans les yeux!
Tous ceux qui ne s'enfuirent point à l'instant
furent traités pire que
des captifs;

Owen les châtia rudement,
comme une bande de loups
qui traque des moutons.

L'excellent guerrier, aux harnais de diverses couleurs,
fit don de leurs chevaux
à ceux qui lui en demandèrent;

---

[82] L'ouest de la Clyde, par opposition à l'est, qui était au pouvoir des Angles ou des Saxons-Logriens.
[83] Je me suis trompé dans les notes des *Contes populaires des anciens bretons*, en lisant *meddal galon*, et traduisant en conséquence; il est évident qu'il faut lire *medel gallon*.

Tant qu'il porta couronne, le dur tribut
ne fut point payé
devant son âme ;

Devant l'âme d'Owen, fils d'Urien :
Que le Seigneur
voie ses besoins !

NOTES ET ÉCLAIRCISSEMENTS

Ce poème, qui figure dans tous les plus anciens manuscrits des oeuvres de Taliésin, nous révèle un fait important, c'est que le Porte-brandon Ida périt de la main d'Owen. Nul autre monument, il est vrai, n'attribue au fils d'Owen la mort du chef northombrien, mais aucun aussi ne contredit le témoignage du barde breton, et tout porte au contraire à le croire sur parole. Telle est l'opinion de M. Sharon Turner et des meilleurs critiques. La belle image des Germains dormant avec une torche ou une lumière dans les yeux, est une allusion saisissante à la guerre acharnée que leur fit Owen.

Il est inutile de répéter ici ce que j'ai dit de lui dans les notes relatives à la bataille de Kaltraez, où il périt : j'ajouterai seulement qu'il devint, après sa mort, sous le nom francisé d'Ivain, plus célèbre encore que de son vivant, grâce aux auteurs des Mabinogion, aux hagiographes gallois du XIIe siècle, et à tous les romanciers européens du moyen-âge. Envisagé sous ce dernier point de vue, il a été pour moi l'objet d'un examen spécial dans un Essai sur l'origine des épopées chevaleresque de la Table-Ronde, placé en tête de ma traduction des Contes populaires des anciens bretons.

Plusieurs critiques pensent que l'élégie d'Owen fut un des derniers poèmes composés par Taliésin.

Serait-ce après la mort de l'héroïque fils d'Urien qu'il se retira sur le continent, près de son compatriote saint Gildas, comme le rapporte un écrivain breton du XIe siècle ? L'Armorique, où, selon l'opinion courante parmi les insulaires, « un grand repos régnait alors ; » l'Armorique, cette terre de l'hospitalité et du dévouement, semblait faite, encore plus que le pays de Powys, asile de Liwarc'h-Hen, pour abriter les cheveux blancs, la harpe et le coeur brisé d'un barde à qui les vents apportaient, « des plages armoricaines, d'heureuses nouvelles, » disait-il, pour le bien-aimé prince qu'il ne cessa de célébrer qu'en cessant de sourire.

II

—

NOTICE AU KAT GODEU

Le «Combat des arbres» ou «La dispute des arbrisseaux» qui a donné son titre au poème n'occupe guère que soixante-quatorze vers sur un total de deux cent quarante-huit.

Vingt-sept espèces sont citées.

Les arbres agissent et combattent. Des traits de caractère, des mouvements et des états d'âme leur sont attribués.

Où est l'énigme ?

Les poètes font ce qu'ils veulent des forêts.

N'est-ce pas Shakespeare qui permet à Macbeth d'affirmer que l'on a vu «les pierres remuer et les arbres parler... (III, 4)» ; et qui donne le signal de la punition de l'assassin en faisant marcher contre lui, sur une distance de douze milles, «la grande forêt de Birnam jusqu'à la haute colline de Dunsinane (IV, I)» ?

Les sorcières irlandaises savent animer les forêts, mouvoir les arbres et les faire combattre. Dans le récit de la mort du héros Cûchulain, elles suscitent «fantasmagoriquement une grande bataille entre deux armées, entre de magnifiques arbres mouvants, de beaux chênes feuillus[84]... »

Elles savent aussi métamorphoser en guerriers les arbres, les pierres et les mottes de terre. Elles le promettent au dieu Lug pour le soutenir dans la bataille de Mag Tured : «... ils deviendront une troupe en armes luttant contre eux... » Ils les mettront en fuite «avec horreur et tourment[85] ».

Il n'y aurait donc pas d'énigme dans ce «Combat des arbres» si l'on ne savait par ailleurs que le très ancien alphabet secret des druides, qu'on appelait Ogam, n'avait consisté en «une écriture sacrée gravée sur bois[86]» et que les devins des nations celtiques lançaient les «bois des sorts» pour prophétiser.

Bien plus : dans la tradition irlandaise les lettres portent des noms d'arbres si

---

[84] Version B du récit de *La mort de Cûchulainn*. Traduction de Christian-J. Guyonvarc'h. Ogam XII, pp 512-513.

[85] *La seconde bataille de Mag Tured*. Traduction de Christian-J. Guyonvarc'h. Textes Mythologiques irlandais, p. 211.

[86] Pierre Le Roux, *Les arbres combattants et la forêt guerrière*, Ogam t. XI, 1959, pp 1 à 10 et 185-205.

bien que l'alphabet ogamique est nommé : Bethe — Luis — Fern (Bouleau — Orne[87] — Aulne) du nom de ses trois premières lettres-arbres.

Les sons y sont répartis en cinq groupes ou famille (*aicme*). Voici les quatre premiers groupes (diphtongues non comprises) tels que les a publiés Joseph Vendryès dans les *Études celtiques*[88].

b – *bethe*	«bouleau»	m – *muin*	«ronce»
l – *luis*	«orne»	g – *gort*	«lierre»
v – *fern*	«aune»	ng – *ngedal*	«roseau»
s – *ail*	«saule»	z – *staif*	«prunier sauvage»
n – *nin*	«frêne»	r – *ruis*	«sureau»
h – *huath*	«aubépine»	a – *ailm*	«sapin»
d – *daur*	«chêne»	o – *onn*	«genêt»
t – *tinne*	«houx»	u – *ur*	«bruyère»
c – *coll*	«coudrier»	e – *edad*	«tremble»
q – *qeirt*	«pommier»	i – *idad ou ibar*	«if»

Les espèces désignées par l'auteur du Kat Godeu sont au nombre de vingt-huit[89] soit :

Gwern aune
Helyc saule
Cherdin sorbier
Eirinwydprunier
Kerinéflier
Ffuonrosier
Auanwyd framboisier
Ryswydtroène
Gwyduwytchèvrefeuille
Eidolierre
Siryanprunus
Bedwbouleau

---

[87] Une variété de frêne, d'après Vendryès ; le sorbier pour d'autres ; l'orme à notre avis à cause du cousinage : *luis* et *llwyf*.
[88] Communication à l'Académie des Inscriptions et Belles Lettres du 28 octobre 1938. *Études celtiques*, t. 4, 1948, pp 85 à 116.
[89] Trente si l'on considère la primevère et l'ortie qui sont nommées mais ne participent pas à l'action.

Auroncytise
Ffenitwyd pin
Omi frêne
Llwyf orme (ormeau)
Collwyd noisetier (coudrier)
Ffawydhêtre
Kelyn houx
Gwiwyd vigne
Redynfougère
Banady genêt
Eithin ajonc
Gruc bruyère
Derw chêne
Clafuswyd jacinthe
Per poirier
Kastan chataîgner

Ce serait trop d'initiales pour un alphabet si chacune des lettres était unique, et ce n'est pas assez quand on en décompte les double-emplois. Quatorze seulement des vingt-deux lettres ou sonorités galloises sont présentes :

A	Auanwyd	Auron		
B	Banady	Bedw		
C/K	Collwyd	Kastan	Kelyn	Keri
CH	Cherdin			
D	Derw			
E	Eido	Eirinwyd	Eithin	
I	Ffawyd	Ffenitwyd	Ffuon	
G	Gwern	Gwyduwyt	Gwiwyd	
H	Helyc			
LL	Llwyf			
O	Omi			
P	Per			
R	Redyn	Ryswyd		
S	Siryan			

Huit sonorités initiales manquent : DD, I, M, N, T, V/U, W et Y.

Il y a donc peu de chances que les initiales des espèces des « arbres » cités par le poème du Kat Godeu décrive un alphabet.

Il y a davantage de parenté (quatorze espèces[90]) entre le jeu de « lettres » du poète et à la liste de l'Auraceipt :

aune	*fern*	Gwern
chêne	*daur*	Derw
bouleau	*bethe*	Bedw
bruyère	*ur*	Gruc
frêne	*nin*	Omi
genêt	*onn*	Banady
if	*edad*	allmyr
houx	*tinne*	Kelyn
lierre	*gort*	Eido
noisetier	*coll*	Collwyd
pin	*ailm*	Ffenitwyd
prunier	*staif*	Eirinwyd
saule	*sail*	Helyc

Comment Joseph Vendryès a-t-il risqué son autorité à démontrer, dans son étude de l'Ogam, que la liste de l'*Auraceipt na n-Eces*[91], consistait bien en un alphabet ordonné sur un mode latin. La simple confrontation de son « alphabet » avec l'original de l'*Auraceipt*, met en évidence que la belle ordonnance supposée de cet « alphabet » aligné au cordeau est un phantasme de grammairien. Pour faire entrer la liste d'arbres dans son carcan, Joseph Vendryès est obligé d'inventer une voyelle (a : *ailm*[92], le pin ?) qui ne figure pas dans le texte de l'*Auraceipt* et de passer sous silence les cinq diphtongues : EA, OI, EI, IO, AE[93] qui s'y trouvent pourtant.

Où voulons-nous en venir avec ce méandre d'objections et cet étalage de pièces à conviction ?

---

[90] Vingt en tout, si l'on tient compte de six espèces qui, dans le Kat Godeu, sont manifestement substituées à celles de l'Auraceipt. Fait qui n'a rien de surprenant, compte tenu de la divergence des langues brittoniques et gaëliques.

[91] *Auraceipt na n-Eces, The scholar Primer, being the text of the Ogham Tract from the Book of Ballymoote and the Yellow Book of Lecan.* Edition George Calder, Edimbourg, 1917. Traduction française de Christian-J. Guyonvarch, Ogam n° 1 et 2, Iʳᵉ série, 1948-1949.

[92] Gallois : *allmyr*, l'if ?

[93] C'est l'ordre de l'*Auraceipt*. Un ordre romain eut donné : AE, EA, EI, IO, OI.

À cette affirmation toute simple que l'Ogam n'a jamais constitué un alphabet. Et que les listes d'ogam (des listes d'arbres) parvenues jusqu'à nous sont les noms des baguettes, identifiées par des entailles, que les Celtes lançaient pour deviner l'avenir. Car cette partie du *Kat Godeu* qui a donné son titre au poème fournit des indications aux devins pour l'interprétation des «bois de sort».

Avez-vous tiré le bois marqué d'une seule encoche oblique qu'on appelle Vigne?

L'auteur du Kat Godeu nous dit:
«La vigne [déjà] taillée
«Fut [re]taillée dans le combat (vv 116-117).»
Les «voyants» traduiront à peu près:
«Il est temps de faire preuve d'humilité. Les leçons servies seront resservies jusqu'à ce qu'elles soient comprises.»

Le bois marqué de trois encoches horizontales (sur le côté droit de la baguette) qu'on appelle Aulne apparaît-il?

Le Kat Godeu explique:
«Les aulnes en tête de ligne
«Avancent les premiers (vv 75-76).»
Pas besoin d'être un grand devin pour en déduire:
«Vous allez vous mettre en avant ou vous serez mis en avant...»

Tirez-vous *NG* que les Irlandais ont appelé le Roseau et l'auteur du Kat Godeu a nommé la Jacinthe?

On prophétisera: «Traîtrise à redouter.»
«Les jacinthes [des deux camps] s'associèrent
«Et causèrent la consternation (vv 130-131).»

Le Genêt survient-il?

«Danger. La plus grande prudence est requise. Restez à votre place. Ne vous exposez pas»:

« Le genêt à l'avant-garde
« Dans le fossé fut tranché (vv 119-120). »

Le Frêne ?
Récompense ou honneurs en vue :
« Le frêne fut très honoré
« Par le pouvoir des princes (vv 100-101).

Le Chèvrefeuille ?
Il n'est plus temps de réfléchir. C'est le moment d'avancer et même de foncer.
« Le troène et le chèvrefeuille
« [...]
« Foncèrent à l'enclos du combat (vv 88-90). »

La bruyère ?
Patience ! vous obtiendrez gain de cause.
« La bruyère fut victorieuse sur tous les fronts (v. 123). »

Il serait fastidieux de traduire dans un langage divinatoire qui se base inévitablement sur le double sens et l'à peu près[94], la vingtaine d'indications données par le *Kat Godeu*. Les exemples que nous en avons donné suffisent à notre propos.

Une précision importe pourtant.

L'avantage propre de tout système divinatoire c'est aussi de ne tenir sa cohérence que de lui-même. Sitôt qu'on est entré dans sa logique, il est auto-explicatif et supporte sans sourciller les contradictions pourvu qu'elles soient internes au « jeu ».

On se limitera à un exemple de cette « souplesse ».

Les difficultés de traduction tant de l'*Auraceipt* que du *Kat Godeu* portent aussi sur les noms des espèces. Le *ffenitwyd* désigné au vers 98 du poème est proprement le pin sylvestre pour le *Geriadur yr Academi*[95] mais Christian-J. Guyon-

---

[94] Depuis les vaticinations de la Pythie delphique jusqu'aux meilleures rubriques astrologiques des hebdomadaires modernes.
[95] Bruce Griffiths et Dafydd Glyn Jones, *Geriadur yr Academi*, Gwasg Prifyscol Cymru, Caerdydd, 1995.

varc'h dispose aussi d'excellentes raisons de traduire par if. Bien plus, dans ce language elliptique qui est celui des bardes gallois la même phrase peut-être quelquefois comprise dans deux sens différents (quand ce n'est pas trois!). Hé bien, d'un point de vue oraculaire ces «nuances» importent peu et le système ne se grippe pas pour autant.

Christian-J. Guyonvarc'h traduit-il:

«L'if est devant
«C'est le siège du combat»?

Le devin peut en déduire: «Vous êtes êtes un enjeu dans une dispute…»; «Vous êtes déchiré entre plusieurs choix» ou encore, suivant le contexte: «Votre affection est un enjeu pour vos proches.»

Traduisons-nous:

«Le pin se tient devant
«La chaire du combat»?

Le mage de service vous recommandera prudence et vigilance: «Ne prenez pas parti. Sans fermer les yeux pour autant.»

Ce ne sera peut-être pas le même ogam (quatre encoches horizontales pour l'If, deux entailles inclinées pour le pin)… N'importe le signe pourvu que le «jeu» donne une vie au «bois» et un sens à la vie du consultant.

Inutile de nous objecter qu'un tel «jeu» n'a pas de réalité ou qu'il est indigne de l'intelligence humaine. Ce n'était pas notre propos de le défendre ou de le justifier. Il nous importait seulement de montrer que les Celtes possédaient un jeu divinatoire cohérent — ce dont personne ne doutait — mais qu'en outre et contrairement à l'opinion recue, il a nous a bel et bien été transmis, d'une manière cryptée évidemment, mais dans son intégralité à travers l'*Auraceipt* et le *Kat Godeu*.

On pourra discuter des ogam, de leur nombre, de leurs noms, du nombre exact de leurs encoches, et des «significations» qu'il faut leur attribuer. Mais on ne pourra plus dire que cette part de la tradition celtique ne nous a pas été transmise.

PHILIPPE CAMBY

Table des matières